ताना बाना

डॉ. अनु सोमयाजुला

प्रथम संस्करण: नवंबर 2022
भारत में मुद्रित

टाइप : कोकिला

ISBN: 978-93-95374-36-1

आवरण रचना: देवव्रत साहू

प्रकाशक : स्टोरीमिरर इंफोटेक प्राईवेट लिमिटेड,
7वीं मंजिल, एल तारा बिल्डिंग,
डेल्फी बिल्डिंग के पीछे, हीरानंदानी गार्डन,
पवई, मुंबई, महाराष्ट्र - 400076, भारत।

Web: https://storymirror.com
Facebook: https://facebook.com/storymirror
Instagram: https://instagram.com/storymirror
Twitter: https://twitter.com/story_mirror
Email: marketing@storymirror.com

समर्पित

उन मूक चित्रों को जिन्होंने विचारों को वाणी दी

आभार

उन चित्रकारों और उनकी साकार कल्पना का कि
सूत्र आप ही जुड़ते गए, शब्दों में ढलते गए

सतत प्रेरणा स्रोत रहे सभी स्नेही,
शुभेच्छु मित्रों एवं सुहृद पाठकों का

रचनाओं को पुस्तक रूप में संवारने के लिए स्टोरीमिरर की
टीम के अथक प्रयासों का

संगीत की अपनी आवाज़ होती है लेकिन चित्र भी बोलते हैं।
बस इन्हें आंखों से सुनने की ज़रूरत होती है।

"प्रख्यात संगीतकार पद्मभूषण पंडित साजन मिश्र"

दो शब्द...

अंग्रेज़ी में एक कहावत है "**एक चित्र हज़ार शब्दों के बराबर होता है**"। यह सच है कि चित्र शब्दों के मोहताज नहीं होते। किसी भी तस्वीर का हर हिस्सा, हर दृश्य एक कहानी कहता है। जहां चित्रकार बिना कुछ कहे अपनी बात प्रेषित करने में सक्षम होता है, वहीं देखने वाले अपनी तत्कालीन मनस्थिति और समझ या अनुभव के दायरे के अनुसार चित्र का भाव बूझते हैं।

चित्रों की दुनिया से हम अनजान नहीं। बाल गीत, शिशु गीत कम से कम शब्दों में चित्रों की मदद से बहुत कुछ सिखा जाते हैं। पंचतंत्र की हर कहानी का रेखाचित्र पूरी कहानी का सार समझा जाता है। शायद ही कोई हो जिसने अपने बचपन में अमर चित्र कथा मालिकाएं न पढ़ी हों। रामायण, महाभारत जैसी जटिल कहानियों को समझने का इनसे अच्छा विकल्प क्या हो सकता है? बच्चे, बूढ़े, अनपढ़, ज्ञानी, कला के पुजारी हों या नितांत नीरस व्यक्तित्व के धनी, चित्रों के मोह से कोई अछूता नहीं है।

अक्सर सुनने में आता है जब चित्र बोलते हैं सारी ध्वनियां बंद हो जाती हैं। चित्र भाषा ऐसी भाषा है जिसमें विचारों को इस तरह आंका जाता है कि कल्पना साकार हो उठती है। प्रस्तुत कविताओं में चित्रों को शब्द देने की कोशिश की गई है। स्टोरीमिरर की इस अनोखी कल्पना के तहत १ मई २०२२ से ३१ मई २०२२ के बीच प्रकाशित हर चित्र (प्रॉम्प्ट) के दो भाग हैं। शर्त यह कि दोनों भागों में सामंजस्य बिठाते, दोनों को एक - दूसरे का पूरक बनाते हुए अपनी बात कहनी है। किसी - किसी चित्र पर दो - दो रचनाएं भी बनीं। चित्रों की श्वेत - श्याम प्रतिकृतियां मूल

बहुरंगी चित्रों की तरह चटकीली, लुभावनी भले ही न हों, अपनी बात प्रेषित करने में सक्षम हैं, सफल हैं।। चूंकि चित्र बोल रहे हैं और मेरे शब्द भाव तक पहुंचने का निमित्तमात्र हैं, कविताओं को कोई शीर्षक नहीं दिया गया।

हर चित्र जो कहता गया वह अनायास लिखा गया। चित्रों और विचारों के ताने - बाने बुनते रहे अपनी ही तरह की अनोखी चदरिया। कभी झीनी रही तो कभी कुछ खुरदरी। बुनते - बुनते कहीं धागे कुछ टूटा किए तो कहीं जुड़ते गए, कभी हल्की गांठें भी पड़ीं। जानकारों का कहना है कि इन अवरोधों से किसी भी कपड़े की बुनावट और बनावट में निखार ही आता है। ज़रूरी नहीं कि आप मुझसे सहमत हों। हर चित्र पर अपनी कड़ियां जोड़ने के लिए आप स्वतंत्र हैं। मेरी चदरिया झीनी है या खुरदरी, निखरी है या बिखरी यह निर्णय आपका होगा। जो भी होगा सहर्ष स्वीकार्य होगा।

डॉ. अनु

जुलाई २०२२

अनुक्रमणिका

प्रॉम्प्ट १

जीवन
समेटा नहीं जा सकता
जोड़, घटा, गुणा, भाग के समीकरणों में
बांधा नहीं जा सकता
त्रिभुज, आयत, या वर्ग के घेरों में।

हर क्षण
सिमटता बिंदु में
उभरता रेखाओं में
बंटता समय के घटकों में,
विचरता
निर्बाध निस्सीम गगन में,
बिखरता
ज्योतिपुंज सा अंतरिक्ष में
निरंतर प्रज्ज्वलित अग्निकुंड सा।

ज्ञान का

उत्तरोत्तर उठता धुआं

लीलता अज्ञान को, आलस्य को

संवारता मनुज को

सराहता मनुज को

निखारता मनुज को

जीवन -

अंतहीन पर्व सा

प्रॉम्प्ट २

इंद्रनील सा प्रकाशस्तंभ उतर आया

धरती पर

या टूटकर गिरा

आसमान का चमकीला टुकड़ा कोई

या सिमट आया सागर का विस्तार;

चेतना

मानो पिघलती रही

तिल - तिल चुकती रही

विलीन होती रही अंतरिक्ष में

नए सिरे से पहचान ढूंढती।

अनगिन उजले, अरुणिम प्रकाश पिंड
घूमते निर्बाध अंतरिक्ष में,
थामते
बिखरते अस्तित्व के टुकड़ों को,
गढ़ते
चेतना के नित नए रूप,
सहेजते जीवन को
सुदूर अनोखे विश्व के आंगन में
कि टूटने, बिखरने, गढ़ने, संवरने का चक्र
अविराम चलता रहे,
जीवन स्पंदित होता रहे
विश्व के आंगन में!

प्रॉम्प्ट ३

ज़िंदगी का नमक
खारा भी, कुछ मीठा भी!

बांधे कितने ही महल - दोमहले
सोने के दर - दरवाज़े, चांदी के जंगले
राहों में मखमल बिछता
छत पर रेशम का चंदोवा तनता,
गाड़ी, बंगले की क्या बात कहें
सूट - बूट के भी ठाठ रहे,
नोटों की बरसात रही
कानों में
"और, और" की गुहार रही

बौराया मन

डूबा नोटों की बौछारों में

खुशहाली के सपने पलते आंखों के

गलियारों में

ज़िंदगी का नमक

बेरंगा भी, सतरंगा भी!

पैसे की हरियाली से अनजाना

आवारा बचपन

सोच रहा हैरां - हैरां

कचरे का भी होता है

फ़िर मेरा कोई घर क्यों ना होता!

ज़िंदगी का नमक

कुछ खारा भी, कुछ तीता भी

प्रॉम्प्ट ४

आदम ने, हव्वा ने

जब वर्जित फल खाया था

भूख नहीं थी उनको

बस

वर्जित था, इसीसे खाने का मोह प्रबल था।

खाने की चाह

भूख से जीतती आई है हरदम

मस्तिष्क पर हावी होती आई है

मन को ललचाती

शरीर को दुलराती आई है।

पर्त दर पर्त चढ़ती चर्बी

गुलथुल को गोलू

और गोलू को पिलपिला गोला बनाती रही;

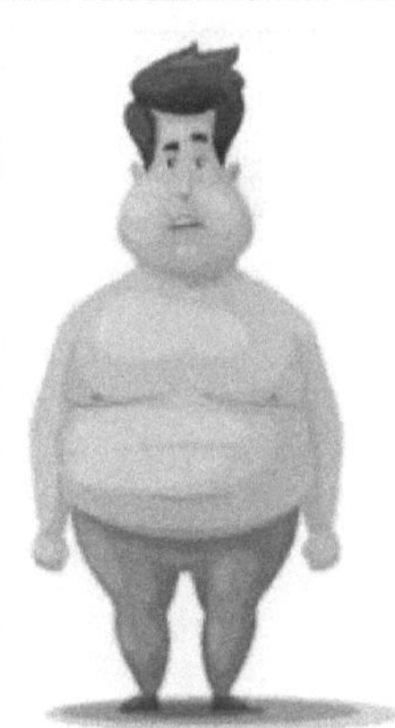

खाने की चाह यों
विकास के, विज्ञान के नियमों को
ताक पर रख
भूख से दो क़दम आगे ही रही।

संवारने की अंधी दौड़ ने
ला खड़ा किया किस मोड़ पर!
पेट और पीठ हुए एक से
पसलियां निछावर हुईं बाहुबली पर
अपने - अपने हिस्से की चर्बी वार कर।

आसमान से गिर
अब खजूर में अकट गया है
मुस्कुराने की कोशिश में मुंह खुला रह गया है
कल तक तरबूज था
आज त्रिभुज होकर रह गया है।

प्रॉम्प्ट ५

मिल जाता मुझको
इक छोटा सा धरती का टुकड़ा
माली काका से लेकर
दूब रोपता नर्म और हरी - हरी
छोटे - छोटे गमलों में
मिट्टी भरता, बीज डालता
रोज़ सबेरे पानी देता
कहता -
सूरज दादा कुछ गर्मी दे दो,
चंदा मामा तुम कुछ नर्मी दे दो।

कुछ पेड़ रोपता
बढ़ते जो छाया देते
छोटा सा धरती का टुकड़ा
बन जाता बाग़ बड़ा।

पेड़ों के संग मैं भी बढ़ता, बूढ़ा होता
किसी पेड़ की छाया में बैठा
देखा करता
बढ़ते पेड़ों को,पौधों को
बच्चों को, बूढ़ों को
खेला करता कोई, सोया रहता कोई।

सोचा करता हर दिन
कोई तो होगा इनमें
धरती के इक छोटे से टुकड़े पर जो
दूब उगाएगा, पेड़ लगाएगा,
नए सिरे से
फिर कोई बाग़ संवारेगा;
पेड़ों के साए में
फिर कोई खेलेगा, फिर कोई सोएगा।

 डॉ. अनु सोमयाजुला

प्रॉम्प्ट ६

कितना आसान था चित्रों को रंगना

आसमान नीला ही होता

कभी कोई सफेद, स्याह बादल बनता

पेड़ सदा हरे ही रहते;

कुछ झोपड़ियां या

इक्के - दुक्के, कच्चे - पक्के घर होते

गोबर मिट्टी से लीपे

पत्तों की छाजन या खप्पर वाले

घर वाले बेगाने होकर भी अपने से लगते।

आसमान अब भी नीला है

बस, बादल ज़हरीले धुएं के बनते हैं

धूल, धुएं में लिपटे

पेड़ हरे ना रहते हैं;

जंगल से फैले घर

पक्की छत वाले होते हैं

महलों में रहने वाले

अपने कमरों में भी बेगानों से रहते हैं।

प्रॉम्प्ट ७ (१)

अपनी - अपनी राहों पर

चलते - चलते

एक राह पर आ मिलते

जाने - अनजाने

दो अनजाने।

रीतों के, रस्मों के, वादों के, क़समों के

जाने - अनजाने रिश्तों के

बंधन में बंधते जाते

दो अनजाने।

भूल चले सारे सपने जो अपने से थे

अब अपनों के सपनों के

बुनते हैं ताने - बाने

दो अनजाने।

हाथ थामकर चलने की बस आस रही

जीवन की उलझन सुलझाते

पंख परिंदों को देते जाते

दो अनजाने।

चटक रहे रिश्तों के धागे धीरे - धीरे

थाम समय को हाथों में

धीरे - धीरे चलते जाते

दो अनजाने।

संध्या बेला जीवन के रंगों में घुलते

अपनी कहते, अपनी सुनते,

जी भर कर सपने जीते

जाने - पहचाने

दो अनजाने

प्रॉम्प्ट ७ (२)

राहों में चलते - चलते
कुछ ख़्वाबों में पलते - पलते
बंध जाते हैं रिश्ते
अनजाने में
अपनों से, बेगानों से।

रिश्ते होते हैं राहों से -
कभी सिमटते
कभी फैलते
कभी छूटते जाते पीछे
पेड़ों से।

रिश्ते होते हैं राहों से -
कुछ अनचाहे
कुछ अनजाने
कुछ बिन देखे ही टूटते
ख़्वाबों से।

रिश्ते होते हैं राहों से -
कुछ तंग गली से
कुछ बंद गली से
कुछ खुलते हैं जीवन में
गलियारों से।

रिश्ते होते हैं राहों से -
मिलते हैं
बिछड़ते हैं
किसी मोड़ पर थम जाते
चौराहों से।

रिश्ते होते हैं राहों से -
कुछ कहते हैं
कुछ सुनते हैं
दिल में बस जाते हैं रूई के
फाहों से।

प्रॉम्प्ट ८ (१)

गर्भ के निविड़ अंधकार में

आस की तरंग सा

प्राणों में संचरित

प्रथम श्वास की उमंग सा

दूब की नोक पर ठहरे

जलबिंदु में झलकते सूर्य बिंब सा

पग - पग पर पथ प्रशस्त करती

दीपज्योति सा

फूल में पराग सा, बीज में अंकुर सा

जगति के कण - कण में स्पंदित

अदम्य विश्वास सा

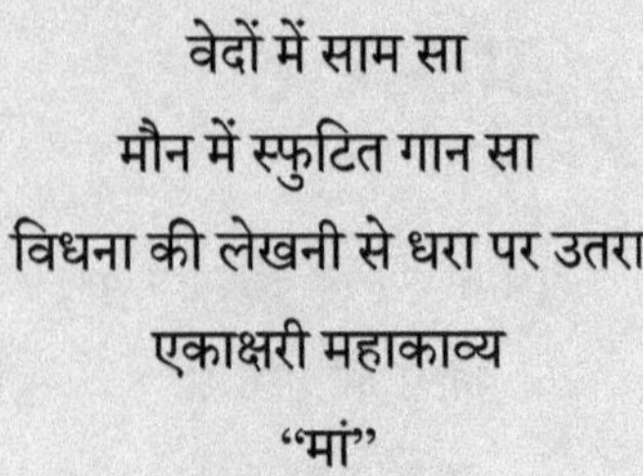

वेदों में साम सा
मौन में स्फुटित गान सा
विधना की लेखनी से धरा पर उतरा
एकाक्षरी महाकाव्य
''मां''

प्रॉम्प्ट ८ (२)

मुझ बेघर को

कितने घर दे डाले तुमने बिन मांगे

कोख तुम्हारी पहला

गोद रही दूजा

तीजा आंचल का आंगन - मां

मुख में मेरे

कितने ही बोल भरे तुमने बातों - बातों में

अम्म् रहा पहला

मम्मम् दूजा

तीजा शब्दों का कोष रहा - मां

कौतूहल से
देखा करतीं मेरे उठते - गिरते क़दमों को
तुम तक आता पहला
आंगन में पड़ता दूजा
तीजा विश्व नापने को है आतुर - मां

आशाओं की
थिरकन दी मेरे नन्हे हाथों को
सूरज को थामें इक पल
चंदा को दूजे
तीजे पल ये मुस्काएं, तुमको थामें - मां

प्रॉम्प्ट ९

दिन भर का थका हारा

सोच रहा बैठ खेत की मेड़ पर -

बैलों को खोलूं

कुछ चारा भी दे दूं

थके हुए हैं वो भी बेचारे,

प्यासी रही धरती अब तक

खेतों में पानी दे दूं

मां की प्यास बुझा दूं।

ढलते सूरज से विनती करता -

मेरा काम हुआ पूरा

कुछ विश्राम करो तुम भी

अब आगे की बाग सम्हालो तुम ही

प्रतिदिन भेजा करना अपना हरकारा

शुभ संदेशों के संग

ऊषारानी को भेजा कररना

देकर आशाओं के रंग।

तुम आया करना पीछे - पीछे
किरणों का पिटारा लेकर,
सहलाना मेरे खेतों को
नित्य नई ऊर्जा, ऊष्मा देकर
खेत मेरे लहराएंगे जब
मन सब के हर्षाएंगे तब।

प्रॉम्प्ट १०

"या देवी सर्व भूतेषु"
तुम रोज़ सुना करतीं,
उग आते तुम्हारे शरीर पर
कितने ही मायावी हाथ
सक्षम,
अनवरत गतिशील
देखा करती मैं तुम्हारे इस रूप को
कुछ भय से
कुछ विस्मय से
सोचती, मेरे क्यों दो ही हाथ हुए भला!
पर
तुम मुझे सदा दुलारतीं
बस, अपने दोनों स्नेहिल हाथों से।

अब मेरे शरीर पर भी उग आए हैं
कई कई हाथ
सक्षम, अनवरत गतिशील।
सोचती हूं कभी कभी
कुछ थकी - थकी मुस्कान लिए
मेरे हाथों में
अब वो तरल स्नेह कहां
कि मैं
तुमसा ही दुलराऊं अपने बच्चों को!

अब दुनिया बसती है
मेरे दो हाथों की अंगुलियों में
अंगुलियों के पोरों में,
बटन सोचते, बटन बोलते
कहते - सुनते भी ये ही
उलझाते - सुलझाते जीवन को

बटन ही चलते
बटन ही थमते
बटनों ने बांधा जीवन को।

याद आता है
तुम्हारा रोज़ - रोज़ सुनना
"या देवी सर्व भूतेषु..."
और अपने
हाथों को सहेजे रखना।
सोचती हूं
हाथ तो उगा लिए हमने मायावी
पर
अपने हाथों की ही माया बिसराई।

प्रॉम्प्ट ११

आदमी भी अजीब है

फूला नहीं समाया

चौपाए से दोपाया हुआ जब

अपने दो पैरों की क्षमता पर

अचरज भी करता

गर्व भी।

नहीं रहा जब एक

साथ दिया बैसाखी ने,

चलता गया

कभी - कभी लकड़ी का पांव लिए;

चला न पाया जब

साइकिल, स्कूटर या मोटर

नए - नए पुर्ज़े हैं जोड़ लिए।

दो और दो का गणित जोड़कर

उगा लिए हैं चार पांव अब अपने वाहन के

चलते जाते जो फर्राटे से

गलियों में, सड़कों पर

उड़ते कभी

कभी चीरते रेत की चादर को

और कभी तैरते लहरों के आंचल पर।

दौड़ मशीनी होती रही

पांव निष्क्रिय होते गए,

नियति के खेल में

आदमी

दोपाए से चौपाया बनता गया

प्रॉम्प्ट १२

हर एक से आगे रहने की

इससे, उससे, सबसे श्रेष्ठ दिखने की,

छोड़े हुए रास्तों को

मुड़ कर न देखने की,

सुख, सुविधा, संपत्ति बटोरने की अंधी दौड़ में

सब कुछ भूलकर रमता

विश्व का एकमेव बुद्धिजीवी -

आदमी

नाप लिया अंबर,

उलीच लिया सागर,

काट रहा जंगल अविराम

असीमित बुद्धि

अपरिमित शक्ति का कैसा दुरुपयोग - हे राम!

हम वनचर
नहीं कभी लांघी अपनी सीमा हमने,
ना ही कभी बेघर किया
तुम्हें हमने,
जुड़े रहे प्रकृति से
नहीं ह्रास किया धरती का हमने।

परिवार, मित्र, बंधुजन
छोड़ आया सुदूर वन में
अब चैन की नींद सोऊं मैं
इस उजड़े वन में।

प्रॉम्प्ट १३

शाही दस्तरख्वान रहे

या पंचतारा होटल का पिज्जा, बर्गर

चाट - पकौड़ों का हो ठेला

या नुक्कड़ वाले

राम भरोसे के टप्पर की

छोले, पूरी औ' चाय का प्याला।

कितने कितने स्वाद निराले

मन को भाते, ललचाते हरदम

जाने - अनजाने

जीवन रेखा को कर जाते कम।

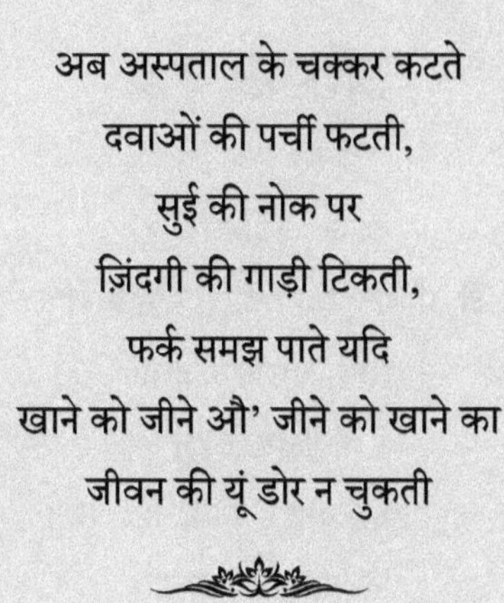

अब अस्पताल के चक्कर कटते
दवाओं की पर्ची फटती,
सुई की नोक पर
ज़िंदगी की गाड़ी टिकती,
फर्क समझ पाते यदि
खाने को जीने औ' जीने को खाने का
जीवन की यूं डोर न चुकती

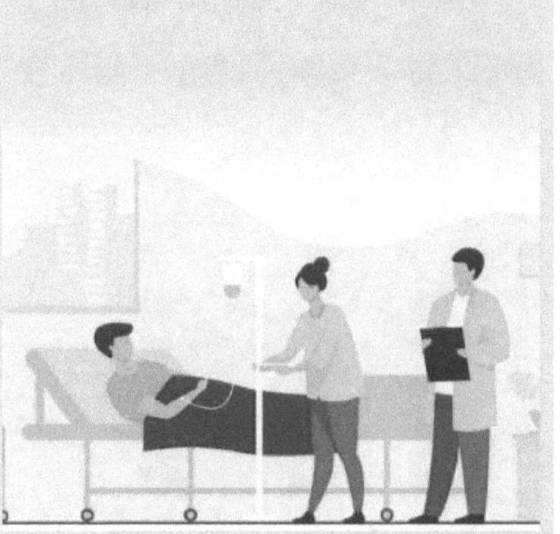

प्रॉम्प्ट १४

तीज - त्योहारों पर

चांदी, पीतल, मिट्टी के दीए निकाले जाते

धोए, चमकाए जाते।

राह देखते हम

जाने किस दीए से निकलेगा धुआं

'नीला, सफेद या हरा'

उभरेगा एक अधूरा आकार

गोल - मटोल

बड़ी - बड़ी आंखों और

लहराती चोटी वाला

पूछेगा

'क्या हुक़्म है आका'

आदमी बावला हो रहा है

रास्ते में पैरों की ठोकर खाते पत्थर भी

अलादीन का चिराग़ लगते हैं
उड़ती हुई धूल
जादुई धुआं लगती है
आंखें ढूंढती हैं जिन्न को
कान बेचैन सुनने को -
'क्या हुक़्म है आका'

एक अमूर्त चित्र तैरता है हवा में
"तुम्हारे लालच की कोई सीमा ही नहीं
तुम्हारी मांगें पूरी करते - करते
चुक गया हूं
अस्तित्वहीन हो रहा हूं
अब
मुक्ति चाहता हूं इच्छाओं के चिराग़ों से
चिराग़ों के अंधेरों से"

प्रॉम्प्ट १५

रात आधी,

जलती हुई अनगिनत आंखें

झांकती हैं खिड़कियों से

और अगले ही पल

तैरने लगते हैं चमगादड़ हवाओं में।

अंधेरे को चीरता रुदन

दे जाता है

बर्फीली सिहरन,

चांद के माथे कलंक सा

भेड़िया

खा गया मेरे खरगोश को।

उतर आते हैं
धीरे - धीरे धरती पर
बेनाम, लहराते साए
या अपने पंख समेट लिए हैं
चमगादड़ों ने!

प्रॉम्प्ट १६

"आबरा का डाबरा"

कहते - कहते

हाथ हवा में लहराता

नए नए खेल दिखाता – जादूगरा।

कभी

ज़ेब से फूल निकालता

कभी

रूमाल सुनहरा

कभी

सफ़ेद कबूतर उड़ते

कभी

कांधे पर बाज ठहरता

कभी
मंच पर दिखलाई देता
कभी
हमारे साथ बैठता – जादूगर।

थके हुए मन सहलाता
परियों की बातें करता
सपनों के नए - नए जाल है बुनता
जादूगर!

प्रॉम्प्ट १७

मेरे नन्हे हाथों से

मंदिर में घंटी बजवाते

डगमग मेरी चाल थामने

ख़ुद घुटनों पर हो जाते

आंखें नम हों उससे पहले

चिड़िया, कौआ, कुत्ता, बिल्ली दिखला

मुझे हंसाते - पापा

पल में घोड़ा

पल में हाथी, बंदर

होते कितने खेल निराले

कंधे पर बिठला

बाज़ार घुमाते, मेला दिखलाते

ज़िद पूरी करते, पर

आंखों की भाषा भी पढ़वाते - पापा

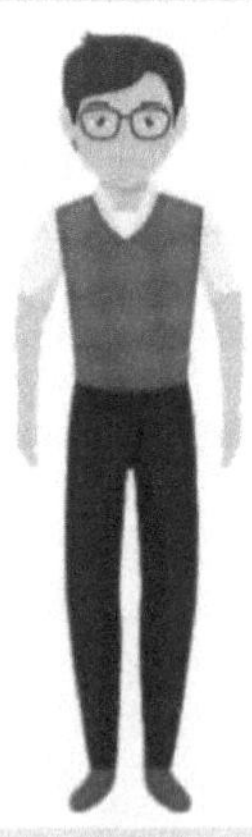

चलते - चलते गिर जाने पर

मुस्काते, कहते -

गिरना, गिरकर उठना, उठकर चलना

जीवन का खेला है,

ठोकर से सीख न लोगे जब

हंस देगा राह पड़ा पत्थर भी तब

हरदम कहते - पापा

झुके हुए कंधे हैं, बुझी - बुझी सी आंखें

घुटनों के बल बैठ न पाते

घोड़ा, बंदर बन ना पाते

चलते हैं अब डगमग - डगमग

गिरते, फिर उठ ना पाते

चुका चुके जीवन अपना, मुझको

सुपरमैन बनाते - पापा

प्रॉम्प्ट १८

मानो या ना मानो
रक्त कुमुदिनी से मेरा गहरा नाता है।

गोल - मटोल सिर के ऊपर लहराते
लाल - लाल फूलों के गुच्छे
विषकन्या सी वह
बाग़ों में उगाया करते पर,
हाथ सदैव बचाए रखते।

 डॉ. अनु सोमयाजुला

सिर पर मेरे हैं उगते
शूलों से गुच्छे
मेरा वंश पले ख़ून में, मेरा अंश रहे ख़ून में
विष का हूं मैं गुब्बारा
हाथ बचाए रखना तुम
बात सम्हाले रखना तुम
तब ही तो बच पाओगे मुझसे तुम

प्रॉम्प्ट १९

पहली सांस, पहली रुलाई

पहला दूध का दांत

पहली पोपली हंसी

पहले तोतले शब्द का मुंह से फूटना

पहले क़दम का उठना

पहली बार गिरना, गिरकर सम्हलना।

पहले की सूची में

अनायास ही जुड़ते गए

दो और तीन,

चार और पांच और ...

पिछला सब धुंधलाता गया

अगला साथ होता गया;

जीवन
उलझता गया अंकों में
जोड़, घटा, गुणा भाग की
पहेलियों में
समीकरणों के चक्रव्यूह में।

पल - पल की जद्दोजहद में
आदमी
तराज़ू के पलड़ों में तुलता रहा;
शिखर की चाह में
सीढ़ी दर सीढ़ी चढ़ता रहा;
'पहले' रहने का मोह
आदमी को आगे को ठेलता रहा।

पल भर में
दो और दो पांच हो गए हैं
शिखर पर
अचानक सारे अनबूझ समीकरण
मानो, पारदर्शी कांच हो गए हैं

प्रॉम्प्ट २०

हाथों में हाथ दिए चलते - चलते

अचक अचानक

किसी मोड़ पर

थम सा जाता है समय,

देह की सीमा से परे

स्पंदित मन -

सांसों में पलता है वसंत।

सपनों का सेहरा बांधे

आशा की डोली हिचकोले खाती

हर मोड़ पर

साथ निभाता है समय,

बंधते जाते रिश्तों के

रेशमी बंधन -

प्राणों में घुलता है वसंत।

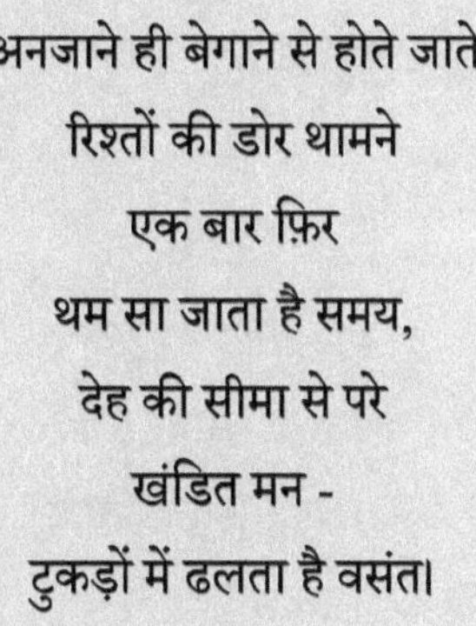

अनजाने ही बेगाने से होते जाते

रिश्तों की डोर थामने

एक बार फ़िर

थम सा जाता है समय,

देह की सीमा से परे

खंडित मन -

टुकड़ों में ढलता है वसंत।

प्रॉम्प्ट २१

आदिम था

मानव दिगंबर था

वन ही आवरण

विश्व का विस्तृत आंगन,

पहचान ढूंढते

सिमट कर रह गया परिधानों में।

अच्छा होता

मानव आदिम ही रहता -

फ़िर विश्व न बंटता देशों में

देश न बंटते प्रांतों में

ना प्रांत सिमटते परिधानों में।

 डॉ. अनु सोमयाजुला

बस
पहचाना जाता वन से
केसरिया ऊर्जा से
निर्मल मन से
मानव फ़िर मानव ही रहता।

प्रॉम्प्ट २२

बीज में निहित
अंकुरण की भावना भी, संभावना भी।

बूंद- बूंद जलधार सींचती
धरती का आंचल,
मंद पवन
सहलाती नवपल्लव कोमल,
बीज में निहित
स्फुटन की वेदना भी, कामना भी।

नभ में रवि
किरणों का वितान तानता,
गंगाजल भर मेह
घट छलकाता,
बीज है मुदित
अनिवार्य है प्रकृति की सद्भावना भी।

धरती से जुड़ता
पलता अंबर की छाया में,
नवजीवन, नव ऊर्जा भरता
पंचतत्व की काया में,
बीज को विदित
परहित नियति भी, ईश की वंदना भी।

प्रॉम्प्ट २३ (१)

अक्सर रामलीला में

बच्चे - बड़े, मुखौटे लगाया करते

बंदर, भालू बन

मंच पर झूमते, उछलते;

राक्षस का चेहरा ओढ़े

हुड़दंग मचाते

रावण गरजता दस सिरों के पीछे से,

मुखौटे -

आदमी की नहीं

पात्र की पहचान हुआ करते थे।

आदमियों के चेहरों पर
सजते - सजते ऊब चुके मुखौटे
उतर आए हैं भीड़ में
घूम रहे हैं अपनी पहचान ढूंढते
गलियों, बाज़ारों में
अचंभित हैं
अदमी के अनेकानेक चेहरों से
चेहरों पर झलकते
सुख के, दुख के
हंसने - रोने के
आशा - निराशा के
हार के, जीत के
जीने की जद्दोजहद के और
मरने के डर के
पल - पल बदलते भावों से।

हम सक्षम हैं
तुम्हारे चेहरों को छिपाने में
आंसुओं को
छलकने से पहले ही सुखाने में
तुम्हारे टूटते बिखरते अस्तित्व का
कवच बनने में,
हमें पहनो
मुखौटों ने कहा।

किंतु
उनके सपाट, बदरंग चेहरे
खिंचे - खिंचे होंठ
और आंखों के डरावने कोटर
अनदेखा कर
आदमी अपनी राह चलते रहे।

मुखौटे भला क्यों हार मानते
फ़िर - फ़िर चढ़ना, फ़िर - फ़िर उतरना
बरसों का अभ्यास रहा।
उतर चले
चेहरों के पीछे छिपे मन के अंधेरों में
डाह के, द्वेष के
छल - कपट के
धन, वैभव, सत्ता की लालच के गहरे रंगों में
उलझते, डूबते, उतराते
अपने आप को संवारते रहे
अपनी नई पहचान बनाते रहे।

गहरे चटख रंगों और
विचित्र हाव भावों से सजे मुखौटे
अब बाज़ार पर छा गए हैं
आदमी को रिझाने में कामयाब हो गए हैं।

बोलती, नाचती या
गुस्से से तरेरती आंखें,
फूले या पिचके गाल,
या गालों में पड़ते खूबसूरत गड्ढे,
हल्की मुस्कान या छलकती हंसी;
साधु हो या शैतान
मुखौटे
आदमी के मन के रंगों में रंग गए हैं
आदमी का मन हो गए हैं।

आदमी अपना मन पहचानने लगा है
एक साथ
कई - कई मुखौटे लगाने का
आदी हो गया है।
अब मुखौटे
आदमी की पहचान हो गए हैं!
पात्र जंगल में खो गए हैं!!

प्रॉम्प्ट २३ (२)

बचपन में

गत्ते के छोटे - छोटे टुकड़ों पर

अनगढ़ हाथों से

मुखौटे बनाते, पहनते

भूत - भूत खेलते

पूरे घर में हुड़दंग मचाते।

नहीं जानते थे

एक दिन

मुखौटे हमारे चेहरों पर चिपक जाएंगे,

हमेशा के लिए

हमारे अस्तित्व का हिस्सा बन जाएंगे,

भूत की तरह

हम पर हावी हो जाएंगे।

बचपन के अनगढ़ मुखौटे
सुंदर, सुघड़ और लुभावने हो गए हैं,
कभी दीवारों पर
कभी चेहरों पर सजते हैं,
कभी पहचान छिपाते हैं
और कभी हमारी पहचान हो रहते हैं।

प्रॉम्प्ट २४

क्षितिज पर छिटकती लाली के
सम्मोहन में बंधे
आसमान ने अंधेरे से कहा -
जाओ, अब कुछ विश्राम करो
रात भर का जागा अंधेरा
दुबक गया आसमान के किसी कोने में।

सूरज की पहली किरण
स्पंदित करती प्रकृति का कण - कण,
धरती को उजलाती
कोमल किरण छू लेने को लालायित
हर चेतन मन।

अलसाई किरण चुनती पर्वत शिखर को

कुछ सुस्ताने को,

उठो, शिखर तक उठो

मुझे छू लेने को

आह्वानित करती धरती के चेतन को।

आसान नहीं

पर्वत की सपाट सतह पर चढ़ना

शिखर को छूना,

ठेलता है

पहली किरण के पहले स्पर्श की कल्पना का

अवर्णनीय रोमांच!

शिखर पर पहुंच विजय पताका से

सूर्य की ओर उठते हाथ

भूल जाते हैं अक्सर

संपाति के डैनों में कोई कमी नहीं थी

जलना उनकी नियति रही थी।

प्रॉम्प्ट २५

आसमान में

गहराते बादल तैरते ही

मन हो जाते उल्लसित

कान सजग

सुनने को आतुर

पहली बारिश की टिपटिप, टपटप।

उतर आते हम

छत पर, आंगन में, सड़कों पर

एक - एक कर गिरती बूंदों को

हथेलियों में थामते

अंजुरी में भर पीने की कोशिश करते

पहली बारिश का अमृत।

छोटे - मोटे गड्ढों में कुछ पानी भरता

फिर शुरू होता

पहला बरसाती खेल

'छपाक, छपाक, छपाक और....'

खीजते राह चलतों के चेहरे

फिर मुस्कातीं उनकी आंखें, हमारी आंखें।

छाता ना बरसाती

ना होता बीमारी का डर

ना देह से लिपटते कपड़ों की सुध

भीगा करते

निर्बाध झमाझम बारिश में,

राह देखते

बारिश के खुलने की

आंखों पर हाथों की आड़ किए

देखा करते उजले, चमकीले सूरज को।

याद नहीं पड़ता

कब आख़िरी बार हमने

अंजुरी भर अमृत चक्खा होगा

कब भीगे, कब खेले होंगे बारिश में!

गहराते बादल दिखते ही अब

छाते तन जाते हैं

भीगने के डर से पांव सम्हल जाते हैं

खुले बादलों की उजास

झेल नहीं पातीं

आंखें अनायास मुंद जाती हैं।

प्रॉम्प्ट २६

कभी

टटोला करते थे हवाओं को

पांव सरकते सम्हल सम्हल कर,

रास्ते की ऊंच नीच नापते

चलते जाते अनथक

'नयनसुख'

फ़िर लाठी ने थामा दामन

ठकठक, ठकठक, ठकठक, ठकठक

राह तोलती, कहती जाती

चल, चलाचल

बढ़ते जाते अनथक

'नयनसुख'

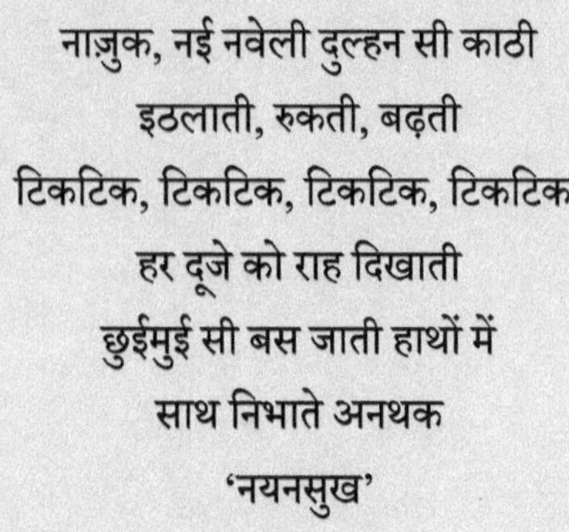

नाज़ुक, नई नवेली दुल्हन सी काठी
इठलाती, रुकती, बढ़ती
टिकटिक, टिकटिक, टिकटिक, टिकटिक,
हर दूजे को राह दिखाती
छुईमुई सी बस जाती हाथों में
साथ निभाते अनथक
'नयनसुख'

प्रॉम्प्ट २७

कभी लड़खड़ाते

कभी सधे हुए क़दमों से

ज़िंदगी चलती रही, चुकती रही

धीरे - धीरे।

सोचता हूं साठे की दहलीज़ पर

कुछ ठहर जाऊं

मुड़कर देखूं

शायद कोई बीता हुआ पल आवाज़ दे!

किंतु

मेरे साथ - साथ

मेरे क़दमों के, मेरी यादों के निशान भी

मुड़ गए हैं

उल्टे पड़ गए हैं।

ज़िंदगी की जद्दोजहद ने गढ़े

कुछ ठोस, गहरे निशान

ज़िम्मेदारियों के बोझ तले झुके कंधों की
परछाइयों के निशान
कुछ निशान
चूड़ी की खनक, पायल की छनक के
तो कुछ
उन्मुक्त यौवन के
जीवन के प्रति आस्था के, अदम्य विश्वास
के भी।

दूर कहीं बैठा मेरा बचपन
ललचाता मुझको
पीछे को चलने को;
अब ठान लिया मैंने
निशानों के चावल पीछे फेंक
दहलीज़ पार कर जाना है,
बचपन का हाथ थाम
आगे बढ़ जाना है।

प्रॉम्प्ट २८

बांट लिया है धरती को

चांद और सूरज ने

रात और दिन में।

सूरज घुल जाता है क्षितिज पर

आसमान पर चांद टंकता है

दूध का

आधा या पूरा भरा कटोरा लगता है।

भूखे, अधनंगे बच्चे

मुंह बाए ताकते हैं चांद को

कि चलते - चलते छलका जाएगा

दूध की कुछ बूंदें,

आसमान की खुली छत पर टंगे तारे
गिनते - गिनते
थक कर सो जाते हैं
फुटपाथ की नंगी ज़मीन पर
हवाओं में घुली सिहरन से बेसुध।

उतरता यदि
चांद कभी धरती पर
देखता -
चांदनी में उभरती परछाइयां
ढलती रात के साथ डरावनी होती जाती हैं,
देखता -
अपनी ही परछाईं से डरा हुआ आदमी
चांदनी की नहीं
अंधेरे की दुआ करता है,
परछाइयों से छुटकारे की दुआ करता है।

उतरती रात
आशा की फूटती किरणों के पीछे - पीछे
फ़िर उभरता है सूरज
उढ़ाने को रेशमी, नर्म चादर
भोर की सिहरन से नींद में कुनमुनाते
फुटपाथ पर सोए बच्चों पर।

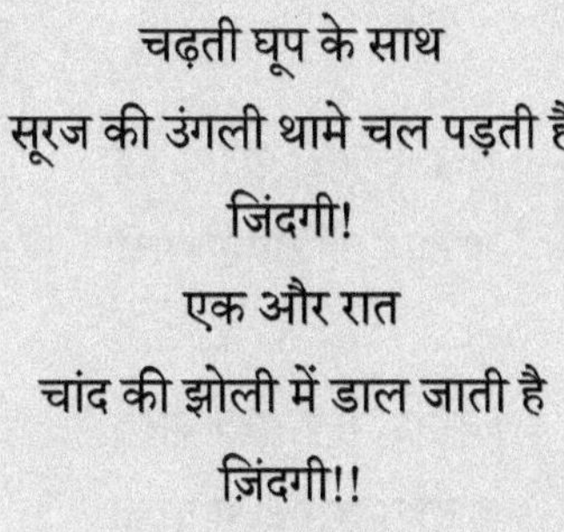

चढ़ती घूप के साथ
सूरज की उंगली थामे चल पड़ती है
जिंदगी!
एक और रात
चांद की झोली में डाल जाती है
ज़िंदगी!!

प्रॉम्प्ट २९

पल में कट्टी, पल में बट्टी
बचपन की रीत निराली।

आंखों में शरारत वाली
होंठों पर मुस्कानों वाली,
कुछ पल की या
कुछ दिन की कट्टी वाली
रीत निराली।

गुस्से से गाल फूलते
गप - शप पर पड़ता ताला,
झट मुस्काती
बैर भुलाती, कट्टी की ये
जीत निराली।

पल में तोड़ें, पल में जोड़ें

बचपन की है रीत यही,

कट्टी - बट्टी की

डोरी से बंधती, बचपन की

प्रीत निराली।

प्रॉम्प्ट ३०

अक्सर देखा करते

अर्जुन के धनुष से छूटे बाण सा

फरटि से आसमान नापता

बादलों को चीरता

रॉकेट ,

पीछे छोड़ जाता

टूटता, बिखरता दूधिया धुआं।

दीवाली पर छोड़ा करते

लंबी, पतली डंडी के सिरे पर बंधा

छोटा सा रॉकेट,

अपनी ही आंच से घबरा कर

सुरसुराता हुआ आसमान में उठता

कुछ रोशनी, कुछ चिनगारियां बिखेरता

अगले ही पल

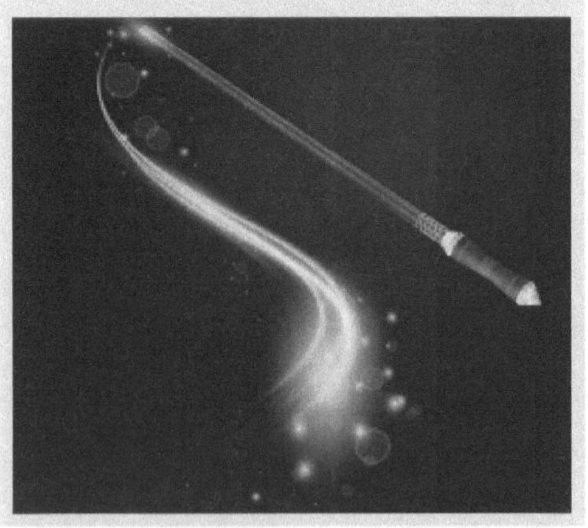

धराशायी हो जाता;
पीछे छोड़ जाता
बारूद की गंध और अपना कंकाल।

सुदूर गुफा में बैठा कीमियागर
विस्मित होता
क्षण भर की इन ख़ुशियों पर;
तनिक रुको
इतने पर ही ना इतराओ,
कुछ बूटी, कुछ औषधियां डालूं हंडी में
फ़िर छितरा दूंगा बूंदें
धरती पर, अंबर में।
शत - शत दीपों से ज्योतिपिंड बिखरेंगे
सदा दिपेंगे
न धुआं न कोई गंध रहे
पीछे छोड़ जाएंगे
निर्मल उजास।

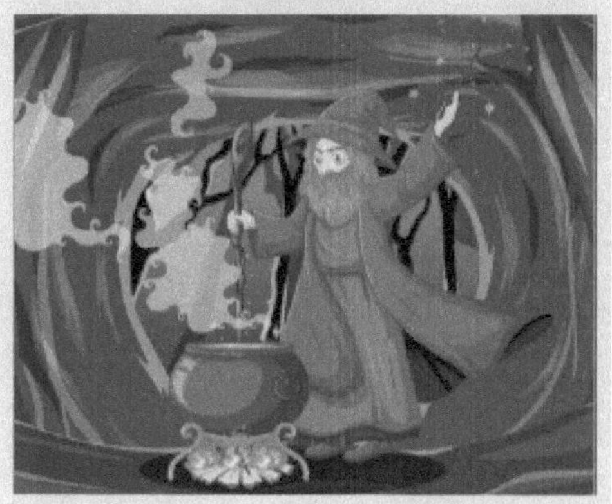

प्रॉम्प्ट ३१ (१)

आंगन के कोने में
सिक्का बोया था छुटपन में
हम बच्चों ने
रोज़ डालते पानी
देखा करते आतुरता से -
अब फूटेगी, कब फूटेगी कोंपल
कब सिक्के लटकेंगे
पत्ते बनकर
कोंपल ना फूटी, दिन पर दिन बीते।

छोटी सी इक टहनी रक्खी
सिक्कों वाली बोतल में
रोज़ - रोज़ देखा करते
फूटती नन्ही नाज़ुक जड़ों को

सोचा करते -
जड़ें सिक्के बन जाएंगी
बोतल सिक्कों से भर जाएगी
कुछ ना होना था, न हुआ।

बो आए टहनी को
फ़िर से अंगन के कोने में।
टहनी तो पेड़ बनी
ना नोटों के पत्ते लटके
ना सिक्कों के फल - फूल लगे
पत्ते रहे पत्तों ही की सूरत में।

पैसों के पेड़ों की
इच्छा
बस, इच्छा ही रही
नोटों की सूरत झरते पत्तों की
सपने में भरमार रही।

प्रॉम्प्ट ३१ (२)

ऐसा यदि हो पाता

सिक्कों का पौधा बोतल में उग पाता!

रोज़ देखते -

जड़ों को सिक्के बनते

भर जाती बोतल

सुनहरे, रुपहले सिक्कों से

जब मर्ज़ी निकालते

झट भर जाती

कभी न खाली होती बोतल सिक्कों से

ऐसा यदि हो जाता!

ऐसा यदि हो पाता

आंगन में उगता इक पेड़ घना

शाखों पर

नोटों के पत्ते होते

हरे नहीं केवल

पीले, नारंगी, नीले रंगों वाले भी पत्ते होते

जितने चाहें

डाल हिलाते, नीचे गिरते।

बारिश में गलते

कड़ी घूप में फ़िर सूखा करते,

पतझड़ के मौसम में

आंधी - तूफां में

झर - झर झरते

नोटों की बारिश होती आंगन में

ऐसा जो हो जाता!

होता यदि ऐसा

दिन - रात की हम सुध खोते।

हिलते पत्तों से,

डुलती शाखों से,

हल्की सी आहट से चौंका करते, डरते

नित पेड़ तले बैठे पहरा देते

पैसों के बदले में

अपना सुख - चैन भुनाते

ऐसा ही होता

यदि पेड़ों पर पैसा उगता ।

 डॉ. अनु सोमयाजुला

www.ingramcontent.com/pod-product-compliance
Lightning Source LLC
LaVergne TN
LVHW051458170726
843492LV00002B/719